caillou ®

¡Buenas noches!

Texto: Christine L'Heureux, Gisèle Légaré • Ilustraciones: Claude Lapierre

TWO CAN ™

CHANHASSEN, MINNESOTA • LONDON

—Mamá, ven a jugar conmigo
—le pide Caillou.
—En un rato más —le responde su mamá—.
Tengo que acostar a Rosy. Ya sabes
que tu hermanita debe dormirse temprano.
—Yo no quiero dormirme todavía
—dice Caillou.

Caillou está orgulloso porque ya es grande.
Mientras Rosy duerme, él puede quedarse
con papá y mamá. Saca varios juegos
del armario que son muy difíciles
para su hermanita.

A Caillou le gusta echar los dados.
Mueve su ficha roja.
—Yo también quiero jugar —dice papá.
Después sigue el turno de mamá.
Caillou quisiera que siempre fuera su turno
pues ¡le encanta ganar!
El juego ha terminado pero
Caillou quiere seguir jugando.

—Ya es hora de dormir —le dice su mamá.
—¡Todavía no! —protesta Caillou—.
No tengo sueño. Papá lo apresura:
—Caillou, date prisa. Ponte tu pijama
y cepíllate los dientes. Te leeré un cuento.
Caillou se apura y se mete en la cama.
—¡Estoy listo, papá!

A Caillou le gusta que su papá
le lea cuentos. Se esconde debajo de
la cobija y hace como si le diera miedo
la voz ronca que pone papá.
El cuento se acaba muy rápido.
—Papá, cuéntame otro —le ruega Caillou.

—Mañana te contaremos otro cuento
—promete mamá, dándole un beso.
Lo arropa bien y le susurra al oído:
—Buenas noches. Felices sueños, mi amor.
Papá también besa a Caillou al darle
las buenas noches.

—Deja la puerta abierta, papá —dice Caillou.
No le gusta dormir a oscuras.
—No estás solo, Caillou. Tienes tu osito
—le contesta su mamá.
Mamá y papá salen de la habitación
y cierran la puerta.

—Mamá, ¡tengo miedo! —grita Caillou.
Papá lo tranquiliza:
—Duérmete, Caillou, aquí estamos.
Caillou abraza con fuerza su osito.
Poco a poco, se acostumbra
a la oscuridad.

Caillou oye el ruido del agua: mamá se está bañando. También oye una voz: papá habla por teléfono.
Ahora se siente menos solo y pronto se duerme.

—Buenos días, Caillou. ¿Dormiste bien?
—le pregunta su mamá.
—¡Sí! —responde Caillou.
—Ya eres un niño grande
—le dice su papá.
Dormiste con la puerta cerrada.

Caillou mira a su papá, sorprendido.
—¡Es cierto! —exclama—. Y no tuve nada
de miedo… Bueno, tal vez un poquito.
Caillou le sonríe a su papá.
Está muy orgulloso de ser un niño grande.
—Esta noche, volveremos a jugar y
¡voy a ganar! —anuncia Caillou.

Texto: Christine L'Heureux y Gisèle Légaré
Ilustraciones: Claude Lapierre
Diseño gráfico: Monique Dupras
Traducción: Osvaldo Blanco

chouette

© Chouette Publishing (1987) Inc. 2000

Versión en español:
© 2004 Two-Can Publishing
11571 K-Tel Drive
Minnetonka,MN 55343
www.two-canpublishing.com

Impreso en China
1 0 9 8 7 6 5 4 3 2